AL
SOL
EXPUESTOS

Adolfo Peña

Agradecimientos Especiales: A Mi Hija Verónica Peña Por Su Gran Colaboración Artística Menacanografía De La Obra y Diseño De La Misma. a Diego Hernando Sossa como prologista y crítico de la obra Por Su Revisión Gramatical y Ortográfica

Obra en la portada: La Primavera,óleo sobre lienzo por Verónica Peña.

Compre este libro en línea visitando www.trafford.com
o por correo electrónico escribiendo a orders@trafford.com

La gran mayoría de los títulos de Trafford Publishing también están disponibles en las principales tiendas de libros en línea.

Impreso en Victoria, BC, Canadá.

ISBN: 978-1-4269-2782-9 (sc)
ISBN: 978-1-4269-3010-2 (eb)

Nuestra misión es ofrecer eficientemente el mejor y más exhaustivo servicio de publicación de libros en el mundo, facilitando el éxito de cada autor. Para conocer más acerca de cómo publicar su libro a su manera y hacerlo disponible alrededor del mundo, visítenos en la dirección www.trafford.com

Trafford Rev. 3/3/10

www.trafford.com

Para Norteamérica y el mundo entero
llamadas sin cargo: 1 888 232 4444 (USA & Canadá)
teléfono: 250 383 6864 ♦ fax: 812 355 4082

DEDICADO

A MIS AMIGOS

Prólogo

Debo confesar que nunca había degustado tanto de la poesía como hasta hoy. Nunca me había adentrado en ella como lo hace un buscador de tesoros en una selva, buscando la piedra que le dé sentido a esta vida y abra unas puertas y nos den luz, tal como lo hacen los directores en la películas. Al menos eso le decía a aquellos amigos que me preguntaban o compartían obras poéticas conmigo.

La poesía como una expresión artística, llena de simbolos, tropos y una forma especial de "desvestir" a las palabras de sus significados coloquiales y construír versos, no había calado en mí con la misma fuerza que el resto de la literatura. Lo que había sentido más cercano hasta el momento era el texto de alguna canción, o algún pasaje de algún buen literato, donde las palabras se unían de una manera mágica y lograban conjugar sus conotaciones para crear un estado emocional en mí. Eso fue hasta hoy.

Conocí en los Estados Unidos a Adolfo Peña, un hombre culto y sensible que además de su profesión de economista (tal vez percibida incialmente como muy "fría" cuyas fórmulas amarran demasiado la libertad), reclamaba para sí el derecho humano a ser artista, a expresar la humanidad universal en todos nosotros, en nuestro inconciente colectivo. Ávido lector de filosofía, consumado fanático de Camus y de Heidegger, al principio Adolfo empezó a compartir conmigo sus creaciones pictóricas, llenas de paisajes urbanos y naturales, de retratos y de desnudos. Su estilo plástico, de vistosa sensibilidad y calor, de respeto por el objeto retratado, se complementaba con su trabajo de escultura, donde la madera se convertía en la "pasta" ideal para concretar en el espacio-tiempo de las tres dimensiones sus pensamientos, su libertad ,su esclavitud, sus amores, sus deseos, sus angustias. Estos datos e intereses biográficos vienen a conformar lo que Pierre Bordieu llama el Habitus de nuestro poeta.

Nuestra amistad fue evolucionando y conversaciones sobre el cine y la literatura y la lectura de algunos textos nos aproximaban más a la necesidad de encontrar palabras para expresar nuestras inquietudes artísticas. Un buen día, Adolfo decidió compartir con algunos de nosotros su hasta entonces desconocida producción poética. Mi primera impresión fue como de una manera especial, sus poemas ofrecen el mismo sentimiento que emanan de sus pinturas y esculturas: son elucubraciones de un espíritu errante por naturaleza.

Por ello, esta selección de poesías puede ser vista como las diferentes estaciones en el peregrinar de Adolfo por la vida. En cuanto al lugar de gestación, estas paradas en su trasegar vital se encuentran en diferentes puntos del continente americano, desde Medellín, pasando por Ecuador, Costa Rica, Nicaragua hasta llegar a Nueva York. Cada una de estas pequeñas reflexiones del mundo, de nuestra humanidad, responden a las eternas cuestiones que han rodeado a los hombres y mujeres desde los tiempos del comienzo de la razón.: el amor, el vacío, el dolor...el sentido mismo de la vida, todo ello inspirado desde la contemplación sensible de un paisaje, el avistamiento de una mujer, el recuerdo de un ser querido o simplemente el sentirse inmerso en la marea humana en una tarde neoyorquina.

Lo que llama mucho la atención en el estilo que Adolfo nos presenta es su ruptura de reglas. En vez de limitarse al perfectismo de la rima el poeta rompe y coloca las palabras a jugar en el viento, rompe las frases en estructuras; utiliza los signos de admiración e interrogante para reforzar la connotación de las palabras que se vierten una y otra vez, con orden en medio de un aparente caos, como niños inquietos en un parque de diversiones, para enseñarnos algo de la vida o plantearnos más inquietudes, como si no quisiera quedarse sólo con ellas. Y como una característica especial, está el inagotable e ingenioso uso de los puntos suspensivos, que como se verá en los poemas en los que utilizó, sirven para marcar un silencio traído de la música (apego especial de nuestro poeta) un espacio de calma para "masticar" las palabras e ideas de Adolfo.

Algunos de los poemas pueden ser considerados como epifanías por su brevedad en las palabras: pero como epifanías, dejan ver una verdad, un sentimiento como una breve chispa en medio de la

Contenidos

oscuridad. Esto haría parte lo que A. Greimas llamó la connotación social de los objetos poéticos, con el añadido de que las lecturas sobre sus contenidos, al ser universales, no cambiarán y, en esencia, más allá de aspectos de forma y lenguaje, permanecerán en el tiempo.

Una de las cosas bellas que tiene la buena obra de arte es la cualidad que Umberto Eco llamó Obra Abierta: esto quiere decir, que ofrece una ilimitada cantidad posible de sentidos (interpretaciones) en cada lectura que se hace de la misma. La poesía de Adolfo no es la excepción. Véase no más por dar un ejemplo el poema que escribió sobre la mítica ciudad de Nueva York; o la hermosa elegía a su padre, "El viejo carpintero", toda una oda al trabajo manual, o el hermoso pensamiento que encierra el escrito a su hija Verónica, "La niña enferma".

He sido honrado con el haber sido escogido por el autor para presentar este trozo de su vida... un segmento, un collage de pensamientos, inquietudes y emociones, con los que espero que el lector se sienta identificado, al igual que me sucedió a mí. Para tal fin, los poemas tienen una ventaja a priori: son el producto de un alma errante, analítica pero emocionalmente activa, que simplemente desea dejar un vestigio del largo trasegar, físico, espiritual y emocional, por el que ha pasado en una vida no exenta de emociones, problemas y descubrimientos (como todos nosotros). Los poemas son, en últimas, como un mapa, una bitácora de vuelo de un artista que ha caminado por el mundo y la vida, y ha querido compartir con nosotros lo que ha visto y sentido. Espero que después de leer estas creaciones, ustedes estén de acuerdo conmigo.

Diego Hernando Sosa
Comunicador Social (Pontificia Universidad Javeriana)
Associate Degree in Liberal Arts (Essex County College)
Maestría en Literatura (Pontificia Universidad Javeriana)
Docente Tiempo Completo Tecnología Realización de
Audiovisuales y Multimedia
(Universidad Jorge Tadeo Lozano)
Bogotá D.C., 2009

CONSTATACIÓN

Cual contemplación
Tuvieron los dioses al crearme
Si…
Me dejaron sin armadura
Expuesto al viento
Sin una espada plateada y activa
Acaso un caballo lento
me dieron sin dolor
Y con los sueños un tormento
que brilla en una luminosa montaña
que de cristalina
enceguece cada paso
y atormenta el día
Sólo el sol han puesto arriba
para ver el fuego lento
que consume
ya mis sueños
ya mis escasas fuerzas
y quema la juventud

¡YA IDA!

LIENZO

Es poca la sangre
        y delgada la piel
        para lo que teníamos
        de vida.

ORDEN

Un dios ordenó
que me ataran con cadenas
a los muros trémulos y lúgubres
de una seca e inhóspita ciudad

Así me lanzaron a sus
laberínticas calles
y los pajarracos volaron
sobre mí
impidiendo el sosiego
con su quejido
Otro no vaciló en abrir
mi cerebro
para que yo explote en sueños
y vele eternamente
en las noches
buscando un juego de palabras
que lo unan todo
aquellas, siquiera
que dieran el nombre
a esta batalla inagotable
que es mi vida
que la mantiene
en vilo,
esperando
algo que jamás se otorga.

BUSCADORES

Leí sobre unos hombres
que montaron sobre
escuálidos caballos
cabalgando hacia el poniente
siguiendo interminables estrellas

A otros que se atrevieron
en los campos
con luces
como luciérnagas
y que fatigaron en su tarea

A aquellos que velaron en el norte
pidiendo un poco de luz
abriendo camino
con sus plumas
para ver si algún día
la tinta
derramaba la palabra
o el sueño.

Ahora se acaban los días
los arduos
los fatigados días
y la palabra
de esperanza
no des-vela.

MIRADA

¡Qué casino el mundo!
he visto a un hombre
labrando un mundo
para su hija
que penosamente lo recibe
casi inmóvil

Sabe que sin él estaría perdida
derrotada
el río nos abraza
yo los observo
y sueño en otro mundo

Ella lanza la moneda
inútil… volátil
a una fuente inalcanzable
hay un vacío donde la moneda cae
Padre e hija se miran
el silencio es pregunta
el río y esta tarde
son testigos
que no será en este mundo....

EL VIEJO CARPINTERO

De su taller, una música
celestial salía: el correr de un serrucho,
golpes rudos de un martillo,
troncos y aceros que caían,
          y de Beethoven, en su
antiguo radio,
la Novena Sinfonía.

Entonces tenía la fuerza…

          En sus brazos se abrigaron
          su mujer, sus hijos,
y otros tan cercanos.

          Ahora el serrucho corre lento;
          el acero, el golpe de martillo
          y la madera rota, no se oyen.
          Con serenos movimientos
          arma una inútil esperanza…
          ya no quedará tan fuerte,
          algún detalle…
          el reloj ya no regresa,
          ¡ya no está la fuerza!

                    Medellín

VENCIDOS

Nos enredamos en su cabellera
dorada o morena,
incautos fuimos llevados
lejos en el mar.

¿Y quién en sus senos no descargó
sus deseos?

Quisimos calmar la sed
entre los ríos y arrullos
que el amor vertía.

Ella nunca se negó
a amortiguar las penas
de armados caballeros.

Éramos nosotros,
ellos y todos, algunos sin corazón
ni amor quedaron.

CONSTATACIÓN 2

EL TIEMPO
UN ALETAZO
INEXORABLE

Medellín.

CAÍDA

Igual que una hoja
que en agosto cae,
de un malinche
que floreció en mayo,
y que con singular ternura
se desliza con pereza
en una curva ligera,
que el viento le obliga
a dibujar en el aire,
así en mayo
y en todo mes,
con una levedad imperceptible,
nos llega agosto,
en todo mes.

PEDAZOS

Cuando se vive
   uno es un destrozado
Cantidad de afectos y de nombres
   ahora inasibles
Qué terquedad la de mi alma
   arrastrar con tu
      recuerdo

LA NIÑA ENFERMA

La soledad te arroja
por sendas de posadas
                ausentes
Soledad
aquella que arrincona
                el alma juvenil
golpea tu cuerpo aún fresco
                y lo desvanece
la que deja el alma
como levada al viento
y azotada por un huracán
que no de tiempo
                porque eres joven
y así perece y se ahoga
en un pozo sin escucha
                ni piedad

Levanta tu tierna voz
                en las tinieblas
grítale a ese mar
grítale a ese tiempo
que aplastados por tu grito
devuelvan la vida que se llevan
porque a tu alma no le queda
perder tan temprano
sin réplica y sin lucha.

Danza alrededor de una hoguera
espacial – infinita
quema allí tu inmerecido haber
libérate buscando en el infinito
luminoso
háblale a los seres extraños
que por allí encuentres
porque al hombre de la modernidad positiva
ya no llegan tus reclamos.

LEJANA TÚ

Como un viejo,
que sentado en una silla
ve correr, inerme él,
a una multitud
con jóvenes cuerpos,
de fuerza, como la tarde de sol,
plenos.

Así te veo
cada día, cuando asomo
al quicio
de la ventana, mi entristecido
rostro.

No puedo ya con tanto deseo,
pero si me acerco
tu estarás ya tan lejos
que tan sólo la muerte encontraría.

SENTIMIENTO

Siempre habrá poesía
siempre el amor y el odio
y en mí, la nostalgia
de tu adiós.

Medellín

XILOA BESADA

Nuestra piel inundada de silencio,
en un cráter presa, ante el cielo;
entonces los dioses miran y se acercan.

Nadie logra moverse y con atención
se escucha el preludio con el que la luna
        avanza coqueta sobre la laguna :
vientos, alborotos de las aguas,
presencias, sombras, parejas asustadas en
los matorrales, misterio, veleros apresurados
buscando las orillas, el temor;
niños y hombres se buscan y reúnen.

Todo está : la luna se posa, y un
        rayo de luz se dibuja en el agua,
espada quebrada,
bajo la oscura sábana de la noche.

Estrellas presentes, dioses mayas,
indios sepultados hace siglos,
abrieron losas y piedras y están
presentes.

Todos se abrazan,
hombres de aquí y de lejanas tierras,
ninguno será igual mañana,
¡el asombro queda!

Después de ver Xiloa y este beso,
al que sólo el sol dará fin mañana,
        quisiera morirme aquí,
¡morirme aquí mañana!

Managua

TODO NOS ES BREVE

¡El tiempo es breve! tanto,
que todo es, y es yéndose no más:
se escapan la palabra y la caricia,
que con veloz vuelo… vuelan;
y la mirada, cuando la encuentras,
ya otro nido la entretiene y la abriga.

¡Todo es breve!,
la humedad en la piel
cuando ríos bravos la han bañado,
el beso, y el puñal con que te hieren,
no es posible retenerlos.

Nada se ha retenido. Todo escapa.
Escapa el verso para atar,
al caer la noche,
el amor y el odio
que nos prodigó el día.

Todo es ligero.
Un balcón nos sirve para
ver el paso de lo que nos fue
abnegado y presuroso.

Es un diabólico y engañoso espejo
que no nos borra ni nos deja.

Managua

SIN LUZ

Hoy, muere un hombre…
la tarde llena de luz
golpea la ventana,
y calienta la casa donde él habita.

Todo está iluminado,
sus ojos pálidos, sin embargo no se percatan,
y en la oscuridad lentamente callan,
¡y es ausente!

sus días se sucedieron
en una cadena monótona y esquiva.

La tarde llena de luz está,
y de tanta,
impide al confesor ver la
casa en el horizonte.

La tarde brilla
y todo aparece,
la razonable muchedumbre lo ignora;
la tarde llena de luz está,
¡y el hombre se muere!

Montefresco

ESTA TARDE

Esta tarde llena de sol
cae sobre los campos aquí:
un niño llora y reclama
mientras que otros gritan
y juegan;

Un hombre llega a casa
con poco alimento para su prole…
y la mujer angustiada lo recibe.
Esta tarde llena de sol
cae sobre los campos aquí…
y lentamente muere.

Esta tarde que se acaba
cobija a un hombre que ha muerto
al salir de su jornada,
y a otro que respira en
brazos de su amada.

Esta tarde se llevó mi sueño,
la he visto pasar : me acortó
los besos y con ellos la juventud
que lentamente emigra.

Esta tarde que se acaba
me robó caricias y me regaló
LA NOCHE, ¡QUE YO ESPERABA!

INÚTIL

Los días,
tardes llenas de sol,
cristales atravesando en vano
el aire que nos llega.

Noches vestidas de levedad y brillo,
incitadores campos coquetos;
todo nos llama y juega
y juvenilmente se nos mueve.

Cierta labor se pudo:
una pincelada fina,
algún adorno no sobraba.

La tierra,
era el hogar;
se me antoja que
un cúmulo de cobre y
piedra.

Hemos caído
y navegamos
sin farol.

Sospecho que en este pedacito
de ironía, sin vida estamos,
que el túnel inicia al final;
lo de ahora es una escalera
sin peldaños, que no renunciamos

LUCHAS

Una sombra
    inaudita
        naufragante
oscura y sangrante
sin ningún derecho
        ME PERSIGUE
Yo me escapo
    huyo
y hasta en el mar me hundiría
    para esconderme

Esa sombra me acosa
    con brazos felinos y
        aplastantes
yo con sigilo
y ALERTA CON ESPADAS
para darle MUERTE

Pero…
¿quién pudiera atravesarla?
si ni corazón
  ni alma tiene.

TORMENTO

¡Yo!, aquél que vendió un libro
regalado con amor por un amigo
para intentar saciarme
entre cerveza

TIEMPO

Mis manos
y mi alma
adquieren la lentitud del tiempo
éste, sin afanes va
y camina indiferente.

Yo, en cambio,
apresuré las jornadas

                inútilmente

porque el tiempo

                aún levemente

se puso al final de cada día.

Son los acantilados del tiempo
el gran maestro de los sucesos

                siempre Viejo
                    siempre sabio
                        siempre lento

Ni mi afán
ni mi coraje enardecido
pudieron vencer su paso

Ahora estoy lento

                estoy viejo

esperando su sabio e ineludible manto.

VENCIDO

¿Para qué escudos
corazas
y espadas ?
Un sueño imposible
llena mis alforjas

Mi piel
tan expuesta al viento
que el alma ha terminado
cansada
congelada
y yerta
así despedirá todo anhelo
… si es posible…

LEVEDAD

Nada es sólido
todo se va desvaneciendo
y el tiempo ni se percata.

Tu amor
           tu andar
                      tu lucha
sangrantes batallas
¡qué levedad!

LA AMADA IDA

Cuando la luz te borre
y tu sombra pase sobre los campos
aquí
en el atardecer del amor
entonces
corroboraré el vacío
que dejan las citas memorables
y esa inútil pelea con el destino
que finalmente atraca la
pasión de los amantes.

Corroboraré el vacío
y el sentimiento solitario
de quién me quiso.

LEVEDAD

Yo veo
las cosas pasando
    simples podrían ser
    pero todo es incierto.

Constantemente
acaricio
    la levedad de lo que acontece
    en cualquier tiempo-sendero.

DESTINO DEL RÍO

Oh…
el río
distante
todo tiempo corriendo…
estará muerto.

Un profundo mar
esperará por él
oscuro mar
sediento…
hambriento…

Ahora el río no es
¿a dónde irán su pena y su voz?
¿acude a un llamado de los dioses?

Ya va lento
la mar está cerca. El río
deja su perfume, una queja…
¿será que acompaña a los hombres muertos?
porque igual que ellos
cuando mueren
deja un canto… por ahí.

EL POETA

Amor es distante
para un poeta

Todas las cosas son remotas
                pero él camina
y hace brillar
donde hay oscuridad

Èl busca sigilosamente
por un largo camino
sembrado de cardos

                Ama ese destino
                busca por la luz
la PALABRA - VERDAD
los campos sembrados de verdad
y los da a su gente
Así estos pueden ir
más y más.

OLVIDO

Cuando la luz te borre
      y tu sombra no sea
         entonces
viviré el olvido
      y un sentimiento solitario
      de quien me quiso.

Santafé de Bogotá

LA PALABRA

La palabra…
aquella que nos dé la
bebida precisa
a la inconsistencia
        de los días.

Éstos que uno tras otro
- recorridos desde antiguo –
traen sueños
donde no hay sosiego alguno

La palabra que nos cubra
nos ahogue o nos libere
… o que llegue entonces
la palabra "Fin"
y seque de un sablazo
la inquieta pregunta
que merma la luz
        de cada día
la que agradece los ponientes
la que finalmente lance
este lápiz
inquieto – asesino
que devora
        la calma
que un descuidado amanecer
        regala.

Algo entonces que venga
y seque la fuente
y así cerrar los ojos
sin preguntar
        ninguno.

INCERTIDUMBRE

Ciegamente...ciegamente
nosotros andamos las sendas

       Pocas cosas son ciertas

Nosotros vamos
       como pequeños veleros
en un intranquilo mar
y las olas vienen
       y los veleros van
y nosotros...
       padecemos
         de SOLEDAD

DESEO

Hubiera preferido
abrazarme a una guitarra
que volara
y no a la ausencia
desbordada entre mis manos

TIEMPO AUSENTE

El tiempo… cómo huye entre nosotros
en nuestros rostros
y en los que amamos

El tiempo que se fue
    con los ausentes
aquél tiempo donde fuimos como barquitos
navegando en unas débiles sábanas
o en unos sueños como perlas
al sol expuestos
ahora… leves espejismos
        inalcanzables
ese tiempo ido en juegos
donde el corazón vibraba
y la juventud enceguecida
de fervores y pasiones
amaba… y amaba.

El tiempo
    fugaz caricia
que nos abandona
corre y todo lo pinta de
        ausencia
en tu rostro y en mi alma.

El tiempo que vendrá pronto
ese
donde ya no estaremos presentes.

LA VECINA

El arroyo se ha secado
      nadie se acerca y reposa allí.

Ella desde su silla anuncia esta suerte
Ya no está la natural frescura
      que nos brindó y apresó la aventura
juvenil.

Su pasión termina
      como un caño seco y sin frenesí.

No vi sus encantos
      ni su movimiento ágil
Muy sola observa el afán de aquellos
      que abrigó bajo sus alas
Ella observa desde su silla
        inmóvil

ASESINADO

Qué oídos...   que no sean los tuyos
        para una oda
¿Qué? sino cantos
        ruidos de volcán en amor
y las espadas que serán
        INCLEMENTES
                con el que borró tus pasos.

                                Medellín

CANTO

Te quiero cuando te adornas
con colores celestes y brillos de arco iris
y cuando me llamas
y cuando la dulce espuma
juega en tu cuerpo y se desliza.

Te quiero cuando hueles
a cocina en remolinos de cenizas
y pasas rondando querencias
y venturas.

Cuando regresas
y cuando huyes
al espantoso sueño
que con imágenes
de la muerte busca
cambiar tu mirada
pintarte de color sepulcro
y con engañosos rocíos
evitar tu olor a sábana
y a suave hierba.
Te quiero cuando con
celestes brillos
quiebras la rutina,
y cuando me huyes
yo te quiero,
aunque me huyas.

Managua

LA NIÑA DEL CORREO

¿Qué tendrán esos dos aros
que se despiden de ti
para enredarme a mí?

Tejo en las tardes la palabra
pero... ¿Cómo decírtelo
y no dañar esa ternura
con que yo te miro?

Si la pronuncio te hiero
si la guardo, de ansiedad se llena
tu alma juvenil y lloras.

No sé tu nombre......paloma tal vez;
¡no! no lo pronuncies,
eres la niña del correo,
y entre tú y yo, está ese vidrio
que me impide arrojarme a ti,
evitando hacerte daño.

Managua

CONSTATACIÓN 3

Cuando con esos senos
            que ahora caen,
intentemos enjuagar los labios y la vida,
comprobaremos que el sol se fue
que nuestra piel,
            es un reposo leve
entonces... fue la primavera.

                                    Medellín

TU PIEL

Ante tu piel
                  postración
Ni cenizas   Ni polvo
      Puerta deseo
el dorso de la fatalidad
            y la ceguera
         AUSENTES
Roce de poros y sudor de ríos
            en vértigo
LA FATALIDAD AUSENTE
                        Medellín.

CONSTERNACIÓN

El alba del amanecer
está triste para muchos;
algunos
   en un lecho duro
     lo reciben
y otros se levantan
pringados en la sangre
de su víctima.

El alba está sola
   El mundo era de nosotros
otro abrió los ojos......
     mira
y aterrado grita:
   ¡ el mundo era para nosotros!

           Medellín

ABSURDO

Sin entender el día que brilla
ni el sol que no ilumine tu rostro
                    y tu cuerpo
ni caminos
          sin tu sigilosa pisada
ni los rostros de los vivos
                    sin tu rostro
qué horror andar entre los espejos
cuando lo que quiero es verte.

LO QUE SÉ

Vi sangre
Asesinos vi
vi jueces
    vi desiertos
vi la ambición
la soledad de aquél vi
al loco, al amigo suicida
al triunfador vi y al poderoso
vi al que arrastra la insondable pena
jamás comunicada, a ése vi
y a éste que se ahoga en "su dicha"
vi amigos morir
    hermanos, hombres lejanos
vi guerras, personas defendiendo
    ideas, banderas, terrenos
      y la sangre vi.
      y a Dios cercano entonces vi.

                Medellín

CONFESIONES

Esos ojos de misterio plenos
se me escaparon
tan pronto
que inútilmente los recuerdo

La piel blanca o negra,
que retuvo mi fuerza,
mojó mi piel y mi cerebro,
cárcel, dulce cárcel,
que se escapó,
abrió sus alas doradas a
otras primaveras,
presurosa de deleites nuevos,
inútilmente la recuerdo.

La voz susurrona, que incitó
mi alma presa y débil
a luchar entre las sábanas,
derramando labios, sollozos y lágrimas,
polvos por viento y mar levados.

¡Oh deleites más grandes
sin retención posible;
qué desdicha!
qué asombro
que hasta la tarde azul
(cobija nuestra)
pase inexorablemente

Todo es sin retención posible
Mis palabras,
como barquitas,
navegando te buscan,
queriéndote hacer pasar de nuevo.

Medellín

TU PALABRA

Hay un rugido
      noble
      de rieles
por donde corre mi alma
      en desespero
        inútil.

Acompasa el chic - chac
y los pinos que aparecen
      entre cristales
Como una mariposa
      revolotean antiguos juegos
        y voces.

Mi piel es arena
      y los huesos de otros se reproducen
        o carcomen.

Se aleja el tren
heridos
      luchamos
      aún entre las sábanas
no llegó la palabra para evocarte
      la noche
        se despide.

Mañana
      que vuelva el tren
en el silencio de la noche

lufharé por
nombrarte a vos
o al mundo sin tu voz

Medellín

OFRENDA

Todo estaba preparado
             en esta tierra:
lo claro y lo oscuro
y la luz
             para alumbrarlos.

El principio fue ordenado:
la memoria, la precisión
puertas, balcones,
ágoras y caminos,
con su marco y color brindados.

Una muchedumbre atolondrada
en migajas desvaneciendo el tiempo.

Tiemblo...
el búho por milenios observando:
un cuadro arrinconado
en un desván sin memoria,
y aún sin un rumor de existencia.

El don del habla,
la poesía y las palabras que en ella
como pequeñas barcas
navegan sin ningún aviso.

Ninguna bitácora acunará
nuestro atormentado espíritu.
La noche todo lo hace leve,

mañana como por un desliz
los ojos abriremos de nuevo
el olor se deja sentir

Medellín

DULCE ASESINA

La noche parida de silencio está
y de la levedad
en que todo cae
al avisar su entrada.

Un piano
        una música mil veces repetida
                el olor a aceite
la mujer que asoma con cautela
su rostro
        entre cortinas
el hombre que se despide y
        se abrocha
el ladrón y el asesino que
 abandona su presa
        sangrante.

El insomne que vigila a sus fantasmas
para que no le roben el alba
y el beso de la mañana:
todo se oye.

Ha muerto la arrogancia
ELLA, la amante de los grillos
descubre y baña nuestros polvos.

La noche ha dejado
        de honrar a los mortales
y golpea

su fortaleza
dichosa asesina
ELLA, la amante de los
grillos.

Medellín

HACHAZO

Echadle tierra
y más tierra
TIERRA- ESCOMBROS- BASURA
a la vida que deja escapar la vida
ésta llena de amor
de cuerpo
de olor
de ti
muerte a la vida
que dejó escapar tu palabra
ESE libre sonido golondrino.

Medellín

DADOS

El círculo infinito
                de puertas
el reloj arrasando mi pequeña presencia
y borrando entre péndulos mi suerte.

Donde todo es corto para el amor y las caricias
lo que tengo con la vida es
                su levedad
                su simulacro
y el maldito dado
                cargado a la fatalidad

Medellín

LA TARDE

La tarde ésa florecida de azul
   Ignora al mundo
      y a los días que se agotan.

Quietamente nos rodea
   y nadie la percibe ni abraza.

Hay lucha y sangre
   bajo su luz.

Esta tarde
   Se quedó
      entre nosotros
los versos vuelven
      como olas
Y quieren darle una caricia
      tratando de nombrarla.

               Medellín

DESEO

Y bañarse en los ríos
             de miel
       que el OTRO SER ofrece
y sin embargo
          salir de allí
                ¡sin deudas!

                       Santafé de Bogotá

A PINTAR

Amarra tu alma
al lecho lúcido
y adórnate con la fuerza de los maderos
que del bosque son.

El fatuo correr de los días
envenena y envilece
hasta que ya nada tienen
con el paso de los tuyos.

¿Será otro el lienzo
de tus días y horas?
¿fino pincel?
¿insípido tono artesano?
¿tibio arrecife?

Golpea el martillo:
mucho polvo
y arrecia el huracán.

Medellín

TARDÍA PASIÓN

Será muy tarde
se hará muy tarde
cuando nuestros brazos
que nunca fueron alados
quieran enredarse.

Se hará muy tarde
la noche caerá sobre nuestros hombros
y enfangará el orgullo con que ahogamos el
amor.

Se habrá agotado el tiempo
y veremos el desierto
que inútilmente intentaremos adornar
Tarde....
Tanto... que la fría soledad
cubrirá la piel.

Y ... entonces
constataremos que vuelta no hay
Los dioses harán pasar los cortejos
de aquellas cosas que nos merecieron
tanto afán.

YA ES TARDE

y asomados entre las cortinas
temblando
muriendo

sabremos que en la lista
(los que siguen)
¡seremos nosotros!

Medellín

CONSTATACIÓN 4

El campo enverdecido
La tarde llena de sol
Unos niños juegan
        y el campo es su abrigo.

Un viejo observa y reposa
mientras contra las piedras
        ruge el agua que...
        desde milenios cae
        (su música penetra)

Muerta la tarde
        sólo queda el campo.

Las estrellas vigilantes aparecen
        y auscultan porque
todo el afán ha muerto.

Volveremos al ruido y al polvo
de negocios y mercados
los dioses habrán callado para entonces.

                                    Vegachi

CONSTATACIÓN 5

Aún Aquel
va a la deriva
Medellín

SILENCE!

En el momento sublime
que el coro de los ausentes dice:
Silence !

Y empieza
  inquieta
        el alma
a palpitar entre sonidos
que en su memoria dejaron
                las palabras
que ahora florecen entre los cantos
los mismos cantos
      que abren
      La Sinfonía de
      ausencias
arrastradas
      con pena y dolor.

En ese momento sublime
los gritos de tus amados
cesarán y se irán por un olvido

Medellín

LA PALABRA

Juraría poner la palabra
    donde alguien se desangra
        o se deshace.

Allí para que sean
    las cosas y los hombres.

La palabra juraría
      para que como en un cofre
    se guarde
      Lo que acontece.

                Medellín

RECUERDO DE UN AMIGO MUERTO

Los faroles amenazan
a la noche oscura
que ha llegado.

Con aquellos que el día ignora
pero vuelven.
¿Acaso han estado ausentes ?
El reloj ya no es
ni habrá tiempo.

Su presencia se prolongará
hasta el roce del alba.

Popayán

LA NIÑA IMPOSIBLE

De verdad
quedan sólo
unas palabras
para evocarte.

Porque tu ausencia
se derrama en ellas
como tu cuerpo
entre unas sábanas
y mis manos.

Si al final o nunca estarás conmigo
sabré que vivirás como un águila
libre   esclava
que se escapa
no encuentra abrigo
se llena con la tarde
rebosante de azul.

Para que guardes tu libertad
quedará la memoria
que en las tardes de mi soledad
me regresará el olor de tu cuerpo
y si es posible tu caricia
presumo que todo me será negado.

Medellín

ORACIÓN 1

Un sólo Dios
        que nos salvara
y borrara con un soplo divino
        el correr sucedido y bestial de este
péndulo maldito
que sin freno anda
        aunque yo entre los pinos
                juvenil respire.

Me ardo en cenizas
        arrastro las ausencias
que prendidas en mi corazón
como enredaderas silvestres
        me cubren en el tiempo
        y me agotan
            sin compasión alguna.

Cali

CONSTATACIÓN 6

Estamos
       y el tiempo
            corre
                con paso
                furtivo

LUCHA Y DESDÉN

Si la tarde llena de azul
 te ha abandonado
   busca duro
   la tierra
y perfórala con tu cuerpo herido.

 Vete a la oscura caverna
hasta que tu alma llena de desdén
  después del oscuro aletazo
     inerme   fría
regrese colmada de carne
      sin fe
      sin lucha
      sin deseo.

Retorna en otro tiempo
aunque no existas
disuelve tu desgracia
      y sé féliz
en el fango de la incertidumbre
      y de la fe
   a los que ignoras.

Recuerda sin odio y ten presente
que a la tierra
        (por una ventana)
y con un sigilo de ladrón se llega.

                        Medellín

OLVIDOS

Memoria que
     en juego
         silencioso
  llama lo ausente

Quiero retener el instante
        que amargamente
          se ha ido.

Una piel que acosa, arde
      y roza tu alma
         apasionada
Buscando tu música.

Memoria que te recupera entre los afanes
        rozando prados
     cubierta entre sábanas y brazos.

Memoria...   ligera como tú
       ave como tú
         tierna

¡Memoria! como ella vuelves... te acaricio
   y escucho tus palabras: ¡vete!
    cerraré
      mis ojos
todo ha sido inútil.
        Santafé de Bogotá

LOS DÍAS PASADOS

Los días pasados
            los días perdidos
no se detuvieron
            y corren aún
en un afán
            de agotar la vida.

Días en que nacieron
anhelos
            como retoños
días en que ideas y banderas
            fueron levadas
días en que vencieron
            las oscuras sombras
y brotó – de pronto- una lágrima
un amargo llanto
sobrevino la derrota.

El día en que nació el amor
y largaste tu pequeño velero
y tú, indefenso, romántico
en un mar que no era el estanque
de donde el sueño infantil partió.

Los días de batallas
donde levantaste una caballería
espadas
y sables
y la daga para atravesar

el fantasma de la pena
y desangrar cualquier dolor.

Días fúnebres en los que se
fueron amores
                 sueños
                              anhelos
algún amado amigo
o cayeron sábanas que
cubrían a tu amada.

Si...
transcurren
y hoy son los días pasados
los días agotados
¡los días perdidos!

ORACIÓN 2

Tierra
que nos ves naufragar
devuélvenos el trono
que nos perteneció un día
y antes de tu derrumbe
déjanos de los dioses su morada
un instante...

Medellín

MUERTE DE UN HERMANO

¿A qué horas te miró la muerte?
¿A qué horas rasguñó TU PRESENCIA
y puso a devorar tu imagen
en nuestros sueños?
¿Cuándo puso la muerte
a arder esta hoguera
de un mundo sin tu palabra?
¿Qué hizo la vida
tu cuerpo?
tu sombra?
¡Cómo caminar entre los árboles
si he sido forrado
con tu ausencia!

Medellín

ECOS

Afuera la ciudad no cesa
la ventana trasluce su tarea
el cuartito sin embargo aquieta
y un olor dolido de ausencias
Se establece.

Vendrán los recuerdos
Como una piedra sólida
brillante   diamantina
y un silencio escucha
las ausencias
derramadas en tus manos

Un eco de revolcados gritos y luchas
traspasa el aire
que la ventana aún detiene.

Cerrada
el cuarto habla
habla el tiempo
hablan los ecos de tu memoria
los recuerdos y ausencias

Aquellas cosas que escaparon de tus manos
cuando aún guardabas la esperanza

hoy está todo ido
todo lejos y lejano.

Todo es presencia de cosas ausentes
que llegan a tu cuarto
con sigilo
aún trémulo
aún sólido   aún imposible.

Agotando así los días
que corren
lentamente
Entre tus manos   ¡YA VACÍAS!

MUERTE DE UN POETA

CAPÍTULO I

"¡Un muerto!", grita un señor. "¡Ha caído alguien! . . .
oiga, ¡por favor!

Yo estoy quieto. . . no puedo moverme. . . ignoro qué me
lo impide.

Estoy muy cerca del señor . . . pero inmóvil.
Otro señor grita: "¡Hey, muévase o será otro!

CAPÍTULO II

El tumulto se hizo grande en un momento. Luego ya no
hubo
nadie, ni muerto, ni gente. Un extenso charco de
sangre ha
quedado. La lluvia ahora lo extingue y lava.

En el pequeño radio de la vieja tienda se escucha:"¿La
vida? ¡cambalache!"

CAPÍTULO III

Me empiezo a mover lentamente, quiero morir en el
prado... sentir el

prado, no en el cemento. Me arrastro, estoy pesado.

CAPÍTULO IV

Había salido a dar un paseo por el barrio... su parque...
Era una tarde hermosa, soleada y azul, quise aspirar su
aroma de
tarde feliz. Las tardes, esas tardes... ustedes lo saben.

FIN

De regreso a casa noté la oscuridad de las calles, desde el
parque.
¡Disparos! Uno, Dos. (tac, tac)
Sentí una corriente de sangre mojándome en desgracia.

Yo sólo salí por el azul de la tarde. Ah... ese azul, pensé
mientras me ahogaba... y el aire se me fue.

Medellín

DE-VELAMIENTOS

I
Memoria
            que en caminos espinosos
obedece a un presagio: lo que es
                        se ha ido.

II
Tú lo has dicho:
la felicidad parece ajena
            tercamente.

III
Memoria
        juego ausente y
                silencioso, siempre volviendo
                        sin olvidarlo.

IV
        ¿Quién te recupera entre los afanes?
La memoria.
                ligera y leve
                        olvidada y viajera
                                y tierna
con ella vuelves, te acaricio
y escucho tus palabras:
                todo es en el silencio.

V
¿Para qué los hombres... si los dioses esperan aún?
vano poder el que poseen
con tanto olvido.

VI
La misma pregunta
camina los senderos
desde siempre y aún
no aparece su respuesta.

Corre, noche tras noche
pasan los días soleados
y allí permanece
como la eterna amada
idílica y lejana.

VII
Golpea, como las olas a las piedras
eternamente
¿Importa lo que he sido?
soy un oficio, un nombre, un labrador
una labor. Todo lo llaman con
es, son, soy.

¿Dónde pues está esto de ser?
si sobre-viene mi acabamiento.

VIII
¿Porqué el hombre decidió
ponerse al frente?
si era mejor la batalla
entre los dioses.

Ellos ordenaban o creaban
el caos. De nada éramos culpables.
¿Quién nos puso al frente de semejante oficio?

IX
Mis amigos también se fueron
la memoria, esa diosa,
los cuida,
                    están en su casa dorada.

Allí , dicen ellos, está la luz
                    que tanto buscaron.

Pasaron el umbral
y fueron, por fin, convidados
a su mesa. Ella despliega
sus cuidados, y nos esperan.

X
Saben, todo se me escapa
porque mis manos son poca
cosa para retenerlas
                    corren...corren
la noche transcurre
          llegará el día
          corren...corren.

                              Medellín

NUEVA YORK

Vago tus caminos
ciudad majestuosa
ciudad monstruosa.

Recorro con lentitud
tus pasares de esquinas
donde cualquier humano
busca un dólar
o su sobrevivencia.

Un paso más
y vi la muerte
esa mañana derramada
en inocencia
corro para otra esquina
y veo la luz en unos
ojos que aún quedan.

Tus decenas de edificios
como templos centenarios
convirtieron estas calles
en oscuros aposentos
donde el ladrón acecha.

La prostituta del Times Square
se arropa
contra las paredes
el vendedor de drogas que
acosa al transeúnte
el borrachín
que abandonó el
Gentleman cabaret
donde quiso encontrar
una amada
una doncella inexistente.

Camino
por tu violencia cotidiana:
no eres el paraíso

Deambulo por la Quinta y Sexta
avenidas
por cualquier lugar:
tus *subways*
tus puertos
veo las niñas cristalinas
bañadas de inocencia
donde un dios labró
unos ojos, un rostro
y el alma
que el dañino envenena.

Todo eso veo
entre calles sórdidas
y monstruos que ascienden
a los cielos.

Y veo la ternura
de alguien que aún
un cielo azul perfora
en semejante fuego.

Al laborioso hombre
que corre con hamburguesa
en mano
respetuoso y serio
abordando el tren
donde envejecerá para todos,
vencido,
será humilde
al cabo de los años
mientras su ciudad se
consume

Veo estos niños
levantando vuelo
¿quién les dará un
cielo azul para perforar
semejante fuego.

Adolfo es lo que podríamos señalar como un viajero. Todos evidentemente lo somos. Economista, con un postgrado en administración de empresas. Ha viajado por varios países de América Latina incluidos Costarica, Panamá, Nicaragua, Ecuador, Venezuela. Ha extraído la savia de cada uno de ellos, dulce-amargo en que se amarran los días de sus habitantes y su naturaleza. Desde joven se vinculó a la docencia y por varios años, fue profesor de literatura, filosofía, así como de economía colombina y macroeconomía en varias instituciones universitarias. Actualmente tiene su residencia en Estados Unidos donde se desempeña como Luthier en una compañía dedicada a la educación musical. También ha dedicado sus horas y días al pintura (con más de 300 obras) y a la escritura de sus obras inéditas: La tierra densa, al sol expuestos, Poemas Inexistentes y la novela Nadia.